Appliqués

Clémence G.

Photographies : Jean-Baptiste Pellerin
Stylisme : Dominique Turbé
Illustrations : Hélène Lafaix

hachette
PRATIQUE

MES
BON-
BONS

Sommaire

Avant de commencer

L'appliqué est une technique simple de couture. C'est facile ! Il suffit de coudre des motifs sur divers supports : vêtements ou accessoires.

Je vous propose de découvrir des motifs colorés, originaux, amusants et poétiques... Ne soyez plus intimidés par le travail des vraies couturières, avec l'appliqué vous obtiendrez de très jolies choses, qui vous réjouiront et qui ne vous prendront que peu de temps. Vous pourrez facilement réaliser chacun des modèles proposés en suivant pas à pas le mode d'emploi ou en vous appropriant les dessins présentés dans les pages qui suivent pour les décliner dans les tissus, les motifs, les couleurs et les supports de votre choix.

N'hésitez pas à mélanger les tissus, à laisser libre court à vos envies et à réveiller votre créativité, l'appliqué est fait pour ça ! Il vous suffira parfois de vous procurer quelques supports tels que des tee-shirts, des rideaux ou un body mais pas de panique ! Vous n'aurez qu'à piocher dans la garde-robe de votre aîné(e) ou dans la vôtre pour faire de n'importe quel vêtement banal une pièce unique ! La règle est donc très simple : mélanger de beaux tissus, de belles couleurs pour faire ressortir les motifs sur tous types de supports. Vous donnerez ainsi une touche d'originalité irrésistible à tous les vêtements et accessoires qui passeront sous votre aiguille ! Les envieux seront nombreux !

Le matériel dont vous aurez besoin

→ **Machine à coudre** (facultative, elle est cependant bien utile pour l'application de grands motifs)
→ **Assortiment d'aiguilles** à coudre à bout pointu
→ **Ciseaux pour les tissus**
→ **Ciseaux pour le papier**
→ **Crayon à papier**
→ **Mètre ruban**
→ **Papier calque**
→ **Fer et table à repasser** (pour faire les choses vraiment bien !)
→ **Épingles à tête**

Les tissus et le feutre

Le choix est vaste. Vous trouverez des suggestions dans la liste de fournitures de chaque projet. Vous pouvez aussi utiliser les tissus de votre choix. Dans ce cas, privilégiez les contrastes (pois, rayures) et les couleurs fortes. Optez pour des tissus 100 % coton qui résistent bien aux lavages répétés.

Achetez aussi du feutre qui puisse être repassé et lavé. Celui-ci est vendu au mètre. Vous trouverez, p. 64, des adresses de magasins de tissus et de feutre. Les modèles sont cousus avec du fil à coudre de coton.

Reproduire les pièces de patron

Pour reproduire les patrons dont vous aurez besoin, décalquez les motifs présentés avec un crayon à papier ou photocopiez-les. Découpez-les et épinglez-les sur les différents tissus que vous découperez avec les ciseaux pour le tissu.

Appliquer les tissus

L'application des tissus se fait toujours de la même façon. Vous gagnerez beaucoup de temps si vous utilisez une machine à coudre, mais tout peut se faire à la main. Les 3 points utilisés sont le point droit, le point fantaisie et le point de zigzag serré (à la machine) ou de bourdon (à la main).

① **Le point droit :** de droite à gauche, l'aiguille est piquée à travers le tissu sur l'envers et ressort sur l'endroit. Elle traverse le tissu un peu plus loin sur l'endroit pour ressortir sur l'envers, etc.

② **Le point de zigzag :** ce point de bordure permet aussi d'assembler 2 tissus.

Le point fantaisie : il sert à assembler 2 motifs en feutre à la main. Piquez l'aiguille à travers les feutres pour la faire ressortir sur l'endroit du motif à 2 mm du bord. Repiquez l'aiguille dans le feutre qui sert de support, au bord du motif, et ainsi de suite.

Le point de peigne : c'est un point fantaisie qui se pique à la machine et qui imite bien le point de bourdon, un côté droit et des petits points perpendiculaires.

① À la main

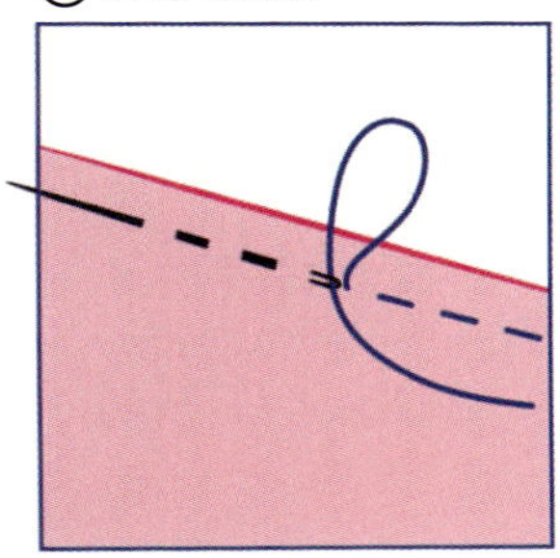

① À la machine

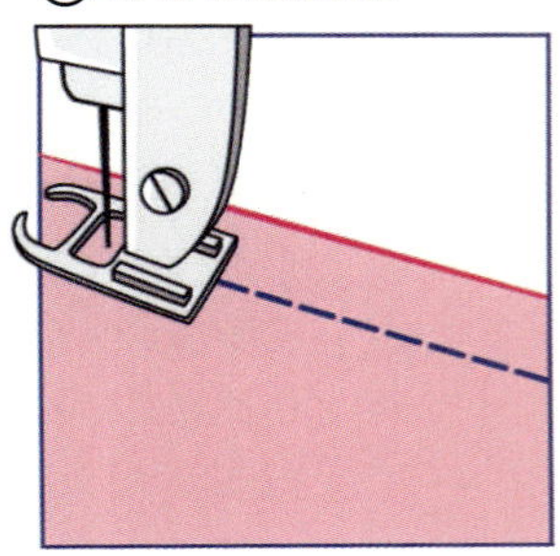

②

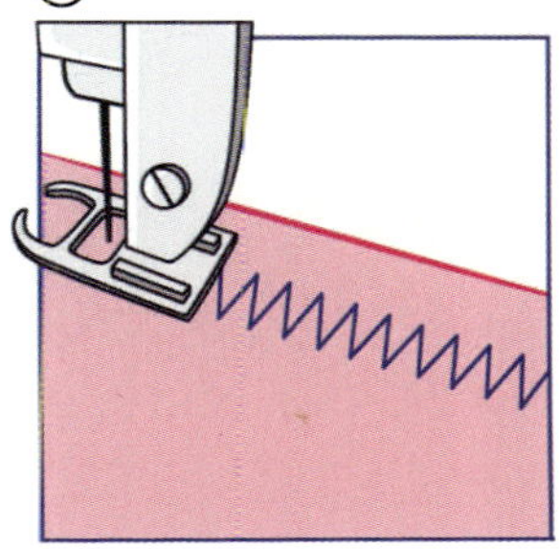

Jolies fleurs

Temps de réalisation : **1 heure** - difficulté : ✂ ✂ - coût : 👛

« J'ai descendu dans mon jardin, avec mon nouveau sac fait main...
Gentil coquelicot mesdames, gentil coquelicot... »

Matériel

- 1 aiguille à coudre
- 2 paires de ciseaux (pour le papier et pour le tissu)
- 1 crayon à papier
- 1 mètre ruban
- Papier calque
- Épingles
- Machine à coudre (facultatif)

Fournitures

- 32 x 84 cm de tissu imprimé pour le sac
- 2 bandes de 6 x 45 cm du même tissu pour les anses
- 3 morceaux de feutres de couleurs variées pour les fleurs
- Fils assortis aux feutres

Variante

En page 9, vous trouverez le patron de 2 fleurs de formes différentes. Utilisez l'une ou l'autre, à votre gré, ou bien alternez l'une et l'autre sur le même sac.

Le sac comment faire...

1 Décalquez 3 fois les motifs de la fleur et des cœurs de la fleur que vous avez choisie. Découpez-les et épinglez-les sur les feutres avant de les découper. Vous devez avoir 3 fleurs de couleurs différentes et leurs cœurs.

Les anses

1 Repliez chacun des longs bords des rectangles des anses de 1 cm vers l'intérieur de la bande. Repassez pour marquer les plis. Pliez la bande en deux dans le sens de la longueur et repassez une nouvelle fois.

2 Piquez au point droit tout le long du long côté ouvert pour fermer la bande.

3 À chaque extrémité, rabattez 1 cm de tissu à l'intérieur de l'anse et fermez l'ouverture en la cousant à la main avec un point discret.

Le corps du sac

1 Faites un ourlet de 2 cm sur les deux petits côtés du rectangle de tissu. Afin d'obtenir un repère pour placer les motifs, pliez en deux le rectangle de tissu, petits côtés superposés et marquez le pli au fer à repasser.

2 Dépliez le rectangle de tissu, puis placez et épinglez les motifs de fleurs sur la face de la partie supérieure du rectangle en les disposant comme sur la photo.

3 Piquez les fleurs à la machine (ou à la main) à 2 mm du bord. Épinglez ensuite le premier rond du cœur et piquez-le à 2 mm du bord. Épinglez enfin le dernier rond. Piquez l'aiguille au centre du cœur et piquez au point droit vers l'extérieur du rond. Répétez cette couture pour créer le motif central.

Finitions

1 À 9 cm du bord du sac, piquez une extrémité de la première anse au point droit en formant un carré de la largeur de l'anse sur la largeur de l'ourlet. Renforcez par 2 coutures en diagonale dans ce carré. Piquez la seconde anse de la même façon.

2 Pliez le sac en deux, endroit contre endroit, afin d'obtenir un rectangle de 32 x 40 cm.

3 Épinglez les côtés ensemble et piquez au point droit à 1 cm du bord. Retournez l'ouvrage sur l'endroit et repassez le sac.

CŒUR 1 DE LA FLEUR 2
(VARIANTE)
FLEUR 1
X 3
CŒUR 2
DE LA FLEUR 1
X 3
FLEUR 2
(VARIANTE)
CŒUR 1 DE LA FLEUR 1
X 3
CŒUR 2 DE LA FLEUR 2
(VARIANTE)

Tee-shirts complices

Temps de réalisation : **1 heure** - difficulté : ✂ - coût : 👛

La petite chenille sortira de son cocon et se transformera en papillon sur le tee-shirt de maman !

Matériel

- 1 aiguille à coudre
- 2 paires de ciseaux (pour le papier et pour le tissu)
- 1 crayon à papier
- 1 mètre ruban
- Papier calque
- Épingles
- Machine à coudre (facultatif)

Fournitures

- 1 tee-shirt taille adulte
- 1 tee-shirt taille enfant
- Tissu imprimé pour les ailes du papillon
- Feutres orange, rose, blanc, noir ou assortis aux couleurs du tissu imprimé
- Fils assortis

Idée

Faites marcher votre imagination : une paire de bottes et un parapluie ; une cerise et un joli pot de confiture. Vous pouvez encore découper un proverbe en 2 parties ou réaliser des tee-shirts à message.

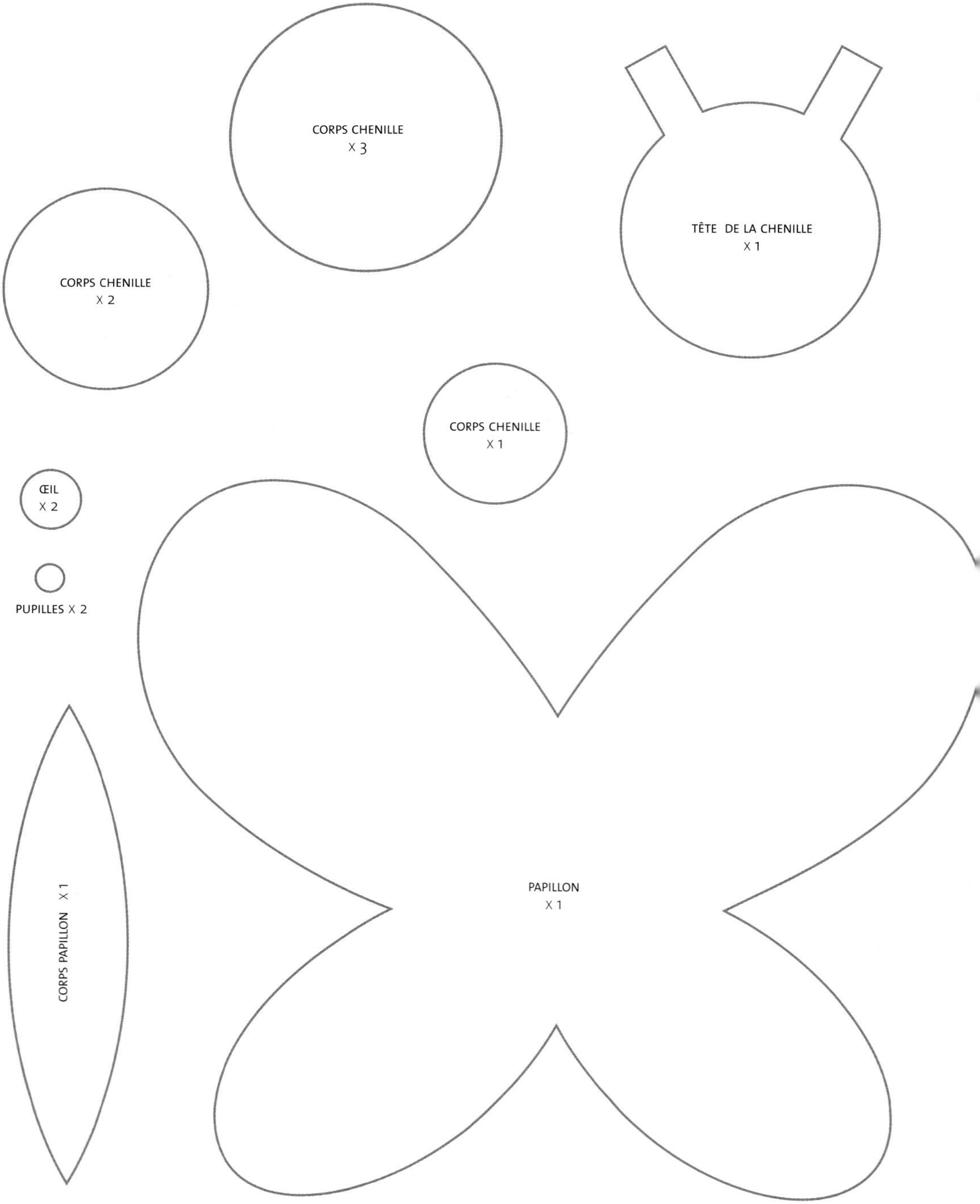
CORPS CHENILLE
X 3
TÊTE DE LA CHENILLE
X 1
CORPS CHENILLE
X 2
CORPS CHENILLE
X 1
ŒIL
X 2
PUPILLES X 2
CORPS PAPILLON X 1
PAPILLON
X 1

Les tee-shirts comment faire...

La chenille

1. **Décalquez** les motifs du corps et de la tête de la chenille autant de fois que nécessaire : dans le feutre orange 2 ronds de 4 cm de diamètre + 1 rond de 3 cm de diamètre ; dans le rose : 1 rond de 4 cm de diamètre + 1 rond de 3 cm de diamètre + 1 rond de 2 cm de diamètre ; dans le blanc : les yeux ; dans le noir, les pupilles.

2. **Piquez** les ronds noirs sur les ronds blancs pour constituer les yeux. Piquez les yeux sur le rond de la tête, à 1 mm du bord.

3. **Cousez** les ronds du corps en commençant par le dernier. Épinglez-le sur le tee-shirt et appliquez-le au point de peigne (à la machine) ou au point fantaisie (à la main) : piquez l'aiguille pour qu'elle ressorte à 5 mm du bord du cercle puis piquez-la dans le tee-shirt, au bord du rond. Continuez sur tout le pourtour de la pièce. Cousez les autres ronds en les faisant se chevaucher.

4. **Terminez** par la tête et ajoutez, avec le point fantaisie, 2 petites antennes découpées dans une chute de feutre.

Le papillon

1. **Décalquez** le motif des ailes du papillon, découpez-les et épinglez-les sur le tissu imprimé. Découpez le tissu.

2. **Décalquez** le motif du corps du papillon, découpez-le et épinglez-le sur le feutre rose. Découpez la forme.

3. **Épinglez** les ailes du papillon sur le tee-shirt. Appliquez-les en piquant le pourtour au point de zigzag.

4. **Épinglez** le corps du papillon à cheval sur les ailes et appliquez-le en piquant tout le tour au point de zigzag.

Bonne nuit Petrouchka

Temps de réalisation : **2 heures** - difficulté : ✂✂ - coût : 👛👛

Pour une petite poupée qui pourra gigoter bien au chaud dans sa gigoteuse aux accents russes.

Matériel

- 1 aiguille à coudre
- 2 paires de ciseaux (pour le papier et le tissu)
- 1 crayon à papier
- Papier calque
- Épingles
- Machine à coudre (facultatif)

Fournitures

- 1 gigoteuse
- Feutres rouge, blanc, noir, orange, rose, bordeaux
- Fils assortis aux feutres
- Coton à broder noir

Idées

Vous pouvez réutiliser ce motif pour créer une gamme de linge de lit complète : couverture, oreiller, tour de lit ou autre, en fonction de l'âge de votre enfant. En modifiant les dimensions et en variant les couleurs, réalisez une famille de matriochkas à appliquer où vous le souhaitez !

SERRE-TÊTE X 1
VISAGE
X 1
CŒUR
FLEURS
X 2
BOUCHE
X 1
JOUE
X 2
CHEVEUX 2
X 1
CHEVEUX 1
X 1
NŒUD 2 X 1
NŒUD 1 X 1
FLEUR 1
X 1
FLEUR 2
X 1

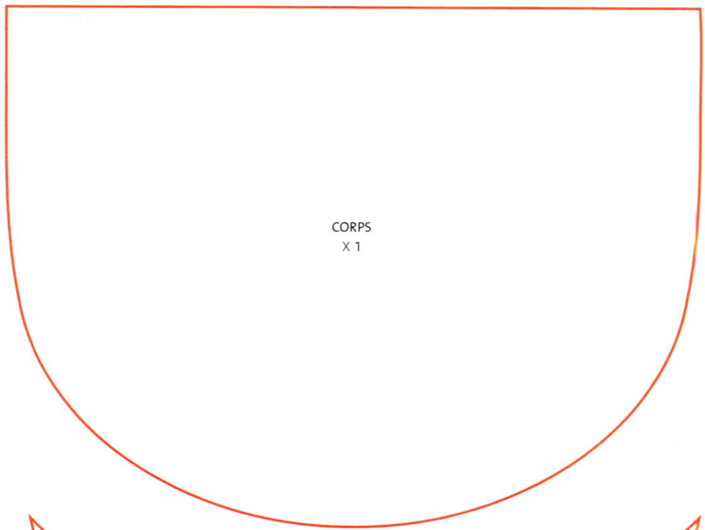
CORPS
X 1

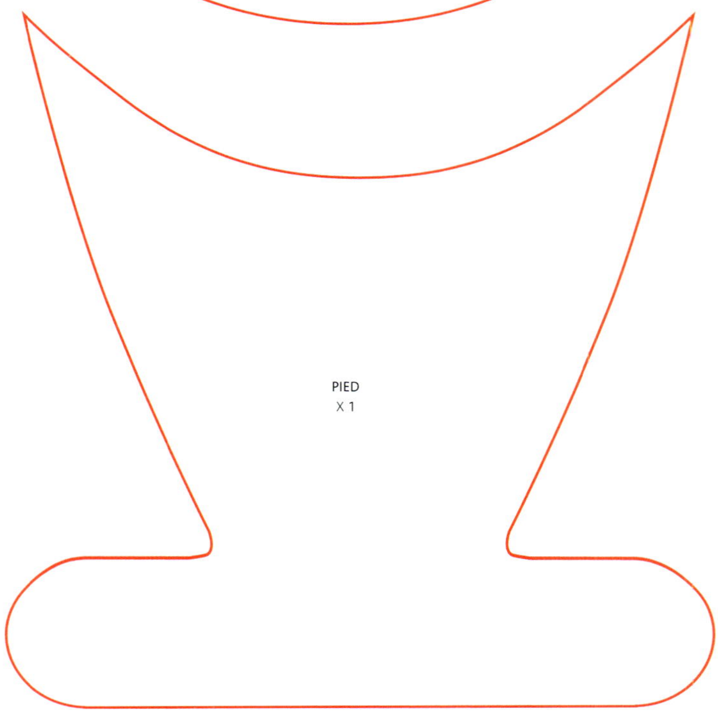
PIED
X 1

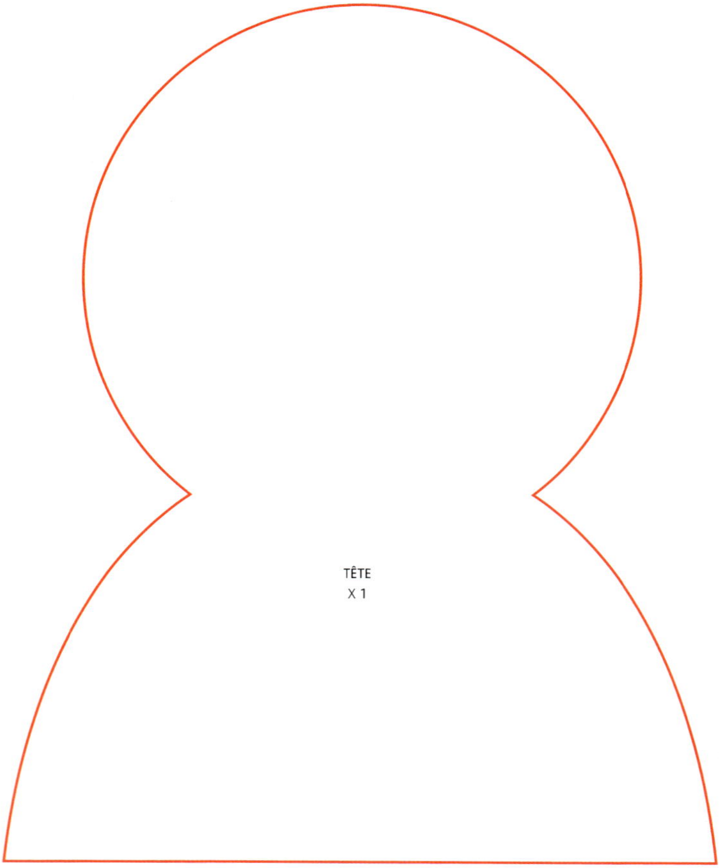
TÊTE
X 1

La gigoteuse comment faire...

1 **Décalquez** tous les motifs et découpez-les dans les feutres : la tête et la bouche en cœur dans le rouge ; le corps, le visage et le nœud dans le blanc ; le serre-tête dans le noir ; le pied et les cheveux dans le orange ; les joues et le cœur des fleurs dans le rose ; les fleurs dans le bordeaux.

La matriochka

1 **Brodez** les yeux sur le visage de la matriochka avec une aiguillée de fil à broder noir. Appliquez ensuite les joues et la bouche au point de peigne (à la machine) ou au point fantaisie (à la main) : piquez l'aiguille pour qu'elle ressorte à 2 mm du bord du cercle puis piquez-la dans le feutre du visage. Continuez sur tout le pourtour de la pièce.

2 **Positionnez** les cheveux sur la tête et cousez-les avec le fil noir au point fantaisie. Épinglez ensuite le visage préparé sur la tête de la matriochka et appliquez-le au point fantaisie. Terminez en cousant les 2 parties du nœud sous le menton.

3 **Appliquez** les fleurs sur le corps de la poupée. Cousez ensuite les cœurs, toujours au point fantaisie, sur les fleurs.

4 **Épinglez** la tête, le corps et le pied sur la gigoteuse. Piquez le tour des 3 pièces au point de zigzag serré en assortissant le fil aux différentes parties appliquées.

5 **Assemblez** les trois parties du corps : le pied avec le corps et le corps avec la tête au point fantaisie avec un fil de couleur assortie.

Couverture de l'artiste

Temps de réalisation : **1 après-midi** - difficulté : ✂✂✂ - coût : 👛👛

Inspirez-vous d'un dessin de votre bambin pour lui confectionner une couverture personnalisée et garder le souvenir de son premier chef-d'œuvre. Une réalisation complice à quatre mains !

Matériel

- 1 aiguille à coudre
- 2 paires de ciseaux (pour le papier et le tissu)
- 1 crayon à papier
- 1 mètre ruban
- Papier calque
- Épingles
- Machine à coudre (facultatif)

Fournitures

- 75 x 105 cm de tissu imprimé pour le fond de la couverture
- 75 x 105 cm de tissu polaire pour la doublure
- Tissus de couleurs assorties en fonction du dessin
- Feutres de couleurs assorties en fonction du dessin
- Fils assortis

Idée

Votre aîné(e) peut participer ainsi au cadeau de naissance du petit dernier... Demandez-lui de faire un dessin pour le bébé et reproduisez-le sur sa couverture.

19
20

camille
mai 92

La couverture comment faire...

1. **Faites reproduire** le dessin d'enfant à la taille où vous souhaitez le reproduire sur la couverture. Décalquez les différents éléments que vous couperez dans les tissus et les feutres. Découpez-les et épinglez-les sur le grand rectangle de tissu pour recomposer le dessin. Piquez-les au point de zigzag serré ou au point droit.

2. **Superposez** le rectangle de tissu et celui de polaire, endroit contre endroit, une fois le dessin appliqué. Épinglez. Piquez tout le tour du rectangle au point droit en laissant juste une ouverture de 10 cm.

3. **Retournez** la couverture sur l'endroit, repassez et fermez l'ouverture à petits points. Surpiquez tout le tour de la couverture, à 2 cm du bord, pour créer un petit bourrelet.

Rideaux très chouettes

Temps de réalisation : **1 après-midi** - difficulté : ✂✂ - coût : 👛👛

Hibou de nuit, sur son arbre perché, veille sur la chambre de bébé pour des nuits sereines pleines de beaux rêves enchantés...
Hibou de jour prend la relève aux aguets sous ses paupières.

Matériel

- 1 aiguille à coudre
- 2 paires de ciseaux (pour le papier et le tissu)
- 1 crayon à papier
- Papier calque
- Épingles
- Machine à coudre (facultatif)

Fournitures

Rideau de jour

- 1 rideau en voile léger
- 6 tissus imprimés différents
- Feutres jaune, blanc, noir, gris
- Fils assortis

Rideau de nuit

- 1 rideau en voile léger
- 6 tissus imprimés différents
- Feutres jaune, blanc, noir
- Fils assortis

Idée

Réalisez les deux rideaux et suspendez-les. Vous tirerez l'un ou l'autre sur la fenêtre en fonction de l'heure.

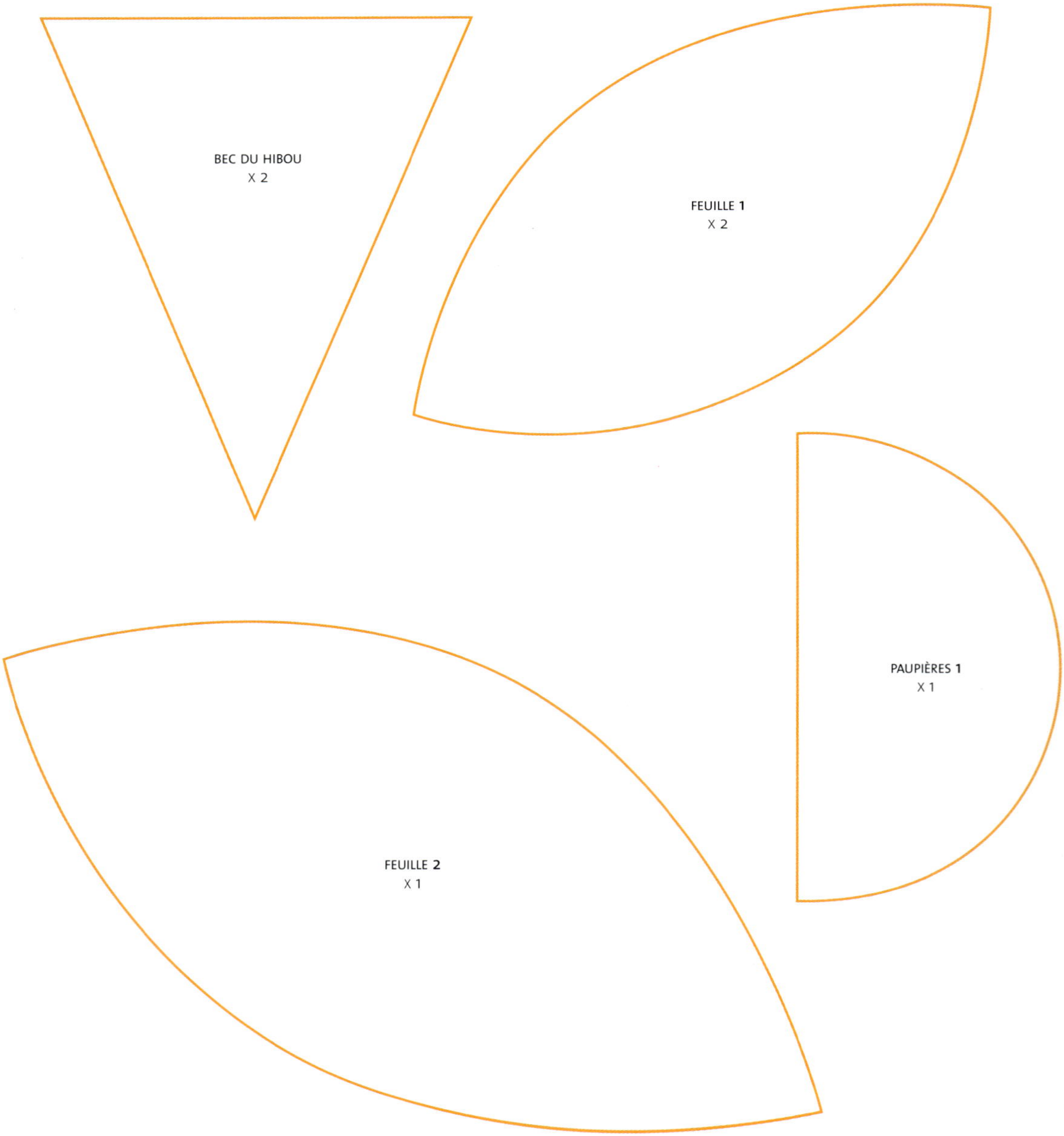
BEC DU HIBOU
X 2
FEUILLE **1**
X 2
PAUPIÈRES **1**
X 1
FEUILLE **2**
X 1

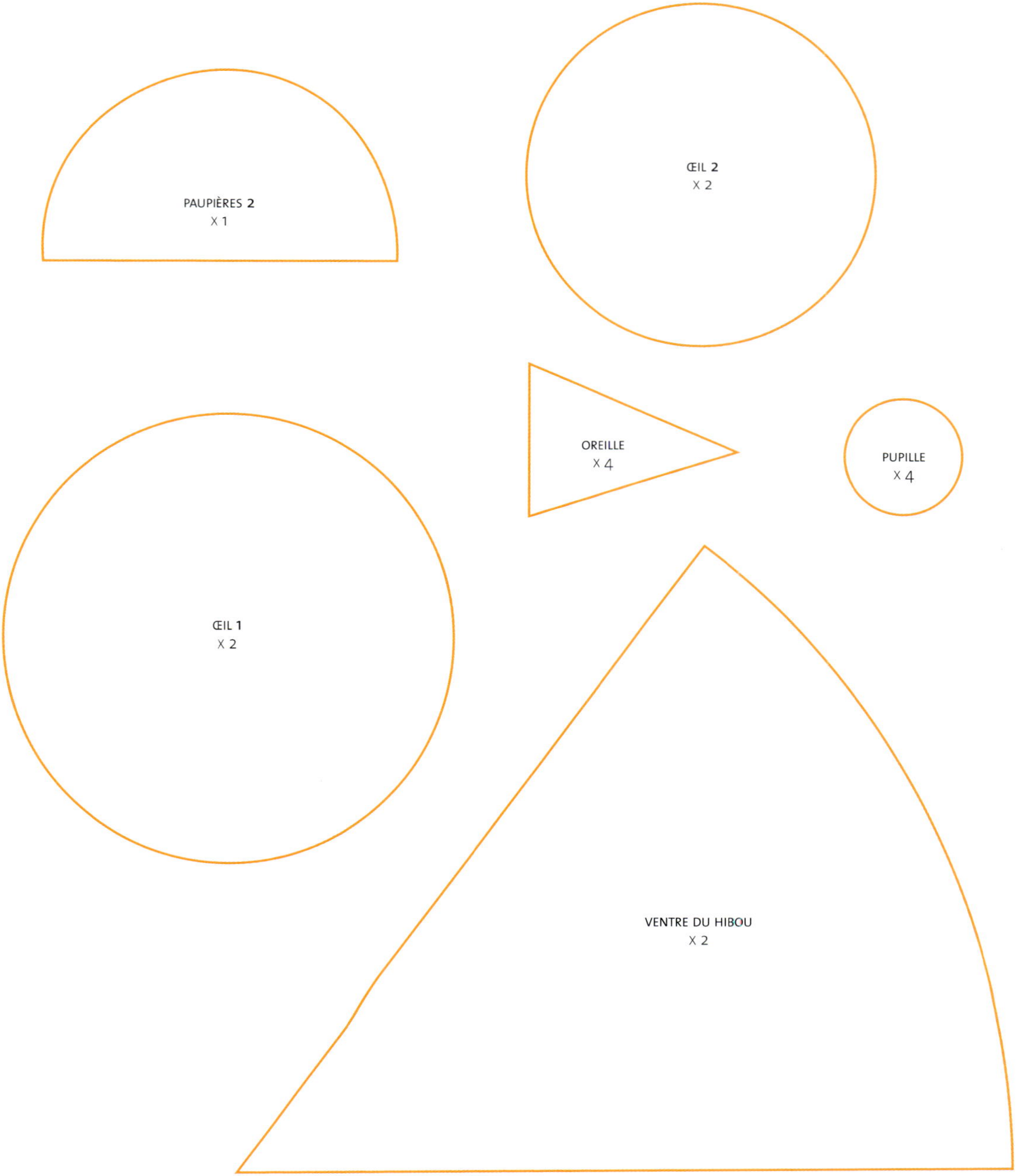
PAUPIÈRES 2
X 1
ŒIL 2
X 2
OREILLE
X 4
PUPILLE
X 4
ŒIL 1
X 2
VENTRE DU HIBOU
X 2

CORPS DU HIBOU
À PHOTOCOPIER À 200%
X 2

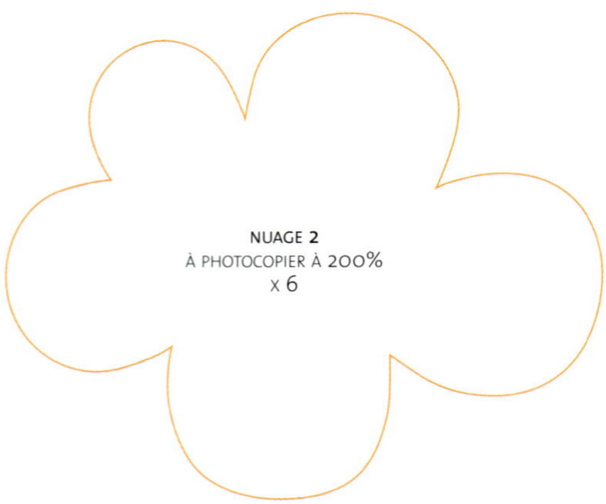
NUAGE 2
À PHOTOCOPIER À 200%
X 6

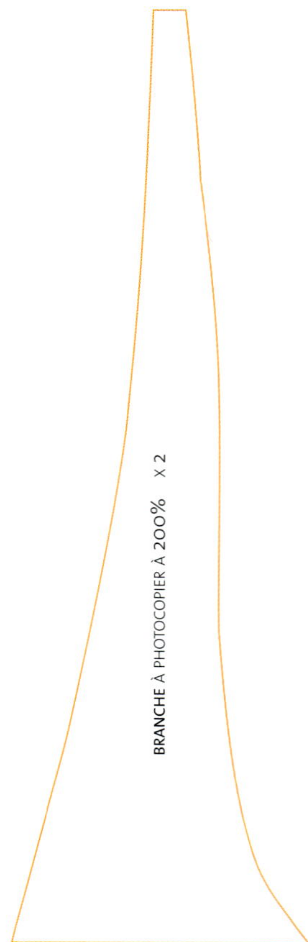
BRANCHE À PHOTOCOPIER À 200% X 2

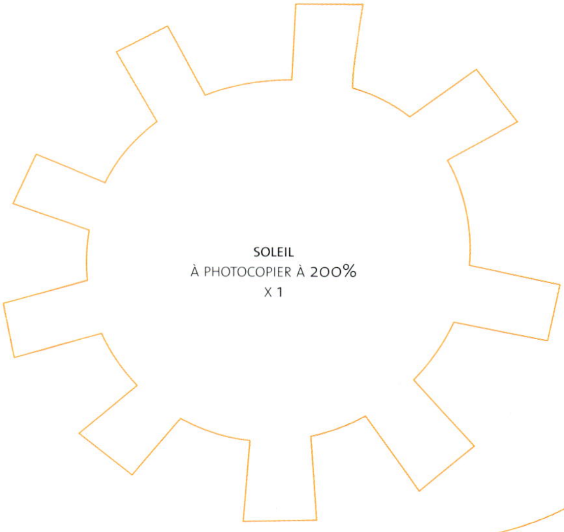
SOLEIL
À PHOTOCOPIER À 200%
X 1

LUNE
À PHOTOCOPIER À 200%
X 1

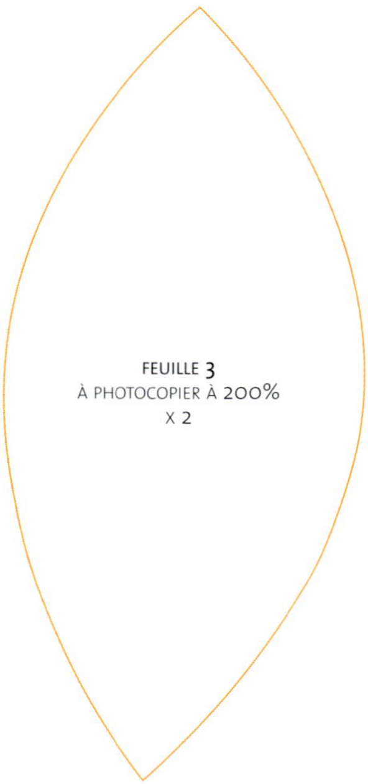
FEUILLE 3
À PHOTOCOPIER À 200%
X 2

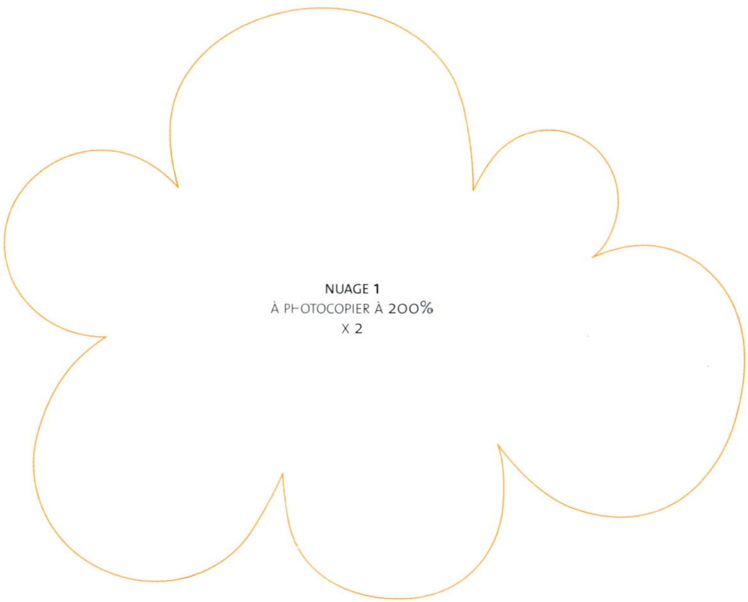
NUAGE 1
À PHOTOCOPIER À 200%
X 2

Les rideaux comment faire...

1 **Décalquez** tous les motifs et découpez-les. Ils servent aux 2 rideaux, sauf le soleil et la lune.

Le rideau de nuit

1 **Coupez** dans les tissus de votre choix, et à l'aide des pièces de patron décalquées : 1 corps de hibou ; 1 ventre de hibou ; 1 branche ; 3 feuilles.

2 **Découpez** aussi : le bec, les 2 oreilles et la lune dans le feutre jaune ; 2 yeux et 1 nuage dans le feutre blanc ; 2 pupilles et 3 nuages dans le feutre noir.

3 **Cousez** au point arrière, les pupilles sur les yeux du hibou.

4 **Placez** et épinglez la branche en tissu sur le rideau. Piquez-la au point de zigzag serré à cheval sur le rideau et la branche. Placez et épinglez les feuilles à l'extrémité de la branche. Piquez les feuilles une à une au point droit, à 5 mm du bord.

5 **Placez** et épinglez les oreilles sous le corps du hibou, puis épinglez le hibou sur la branche. Piquez au point de zigzag serré le corps du hibou sur la branche. Cousez les bouts des oreilles qui dépassent au point droit à 2 mm du bord.

6 **Épinglez** le ventre du hibou sur le corps. Piquez-le au point de zigzag serré. Épinglez le bec en feutre à cheval sur le corps et le ventre. Cousez-le au point droit à 2 mm du bord.

7 **Placez** et épinglez les yeux du hibou à cheval sur le bec. Cousez-les au point droit à 2 mm du bord.

8 **Épinglez** la lune et les nuage en feutre. Piquez-les au point droit à 2 mm du bord.

Le rideau de jour

1 **Coupez** dans les tissus de votre choix, et à l'aide des pièces que vous avez décalquées : 1 corps de hibou ; 1 ventre de hibou ; 1 branche ; 3 feuilles.

2 **Découpez** aussi : le bec, les 2 oreilles et le soleil dans le feutre jaune ; 2 yeux et 2 nuages dans le feutre blanc ; 2 pupilles dans le feutre noir ; 2 nuages dans le feutre gris.

3 **Appliquez** les différents éléments du décor en suivant les indications du rideau de nuit et en inversant le dessin. Pour finir, n'oubliez pas de rajouter les paupières en feutre pour donner au hibou son air endormi.

SOS protège carnet de santé

Temps de réalisation : **2 heures** - difficulté : ✂ - coût :

Pour faire sa crâneuse chez le médecin ou divertir votre chouchou dans la salle d'attente, rien de mieux qu'un protège carnet de santé illustré décoré d'une belle ambulance…

Matériel

- 1 aiguille à coudre
- 2 paires de ciseaux (pour le papier et pour le tissu)
- 1 crayon à papier
- 1 mètre ruban
- 1 règle graduée
- Papier calque
- Épingles
- Machine à coudre (facultatif)

Fournitures

- 2 rectangles de tissus imprimés de 48 x 23 cm(pour recouvrir un carnet de santé)
- Feutres blanc, rouge, jaune, noir
- Fils assortis

Astuce

Choisissez une couleur de fond différente pour chaque enfant. Vous pouvez également appliquer son prénom en découpant les lettres dans de la feutrine. Choisissez une typographie large (Arial black, par exemple), écrivez le prénom à la taille souhaitée et imprimez-le. Découpez ensuite chaque lettre et appliquez-les au-dessus ou au-dessous du motif.

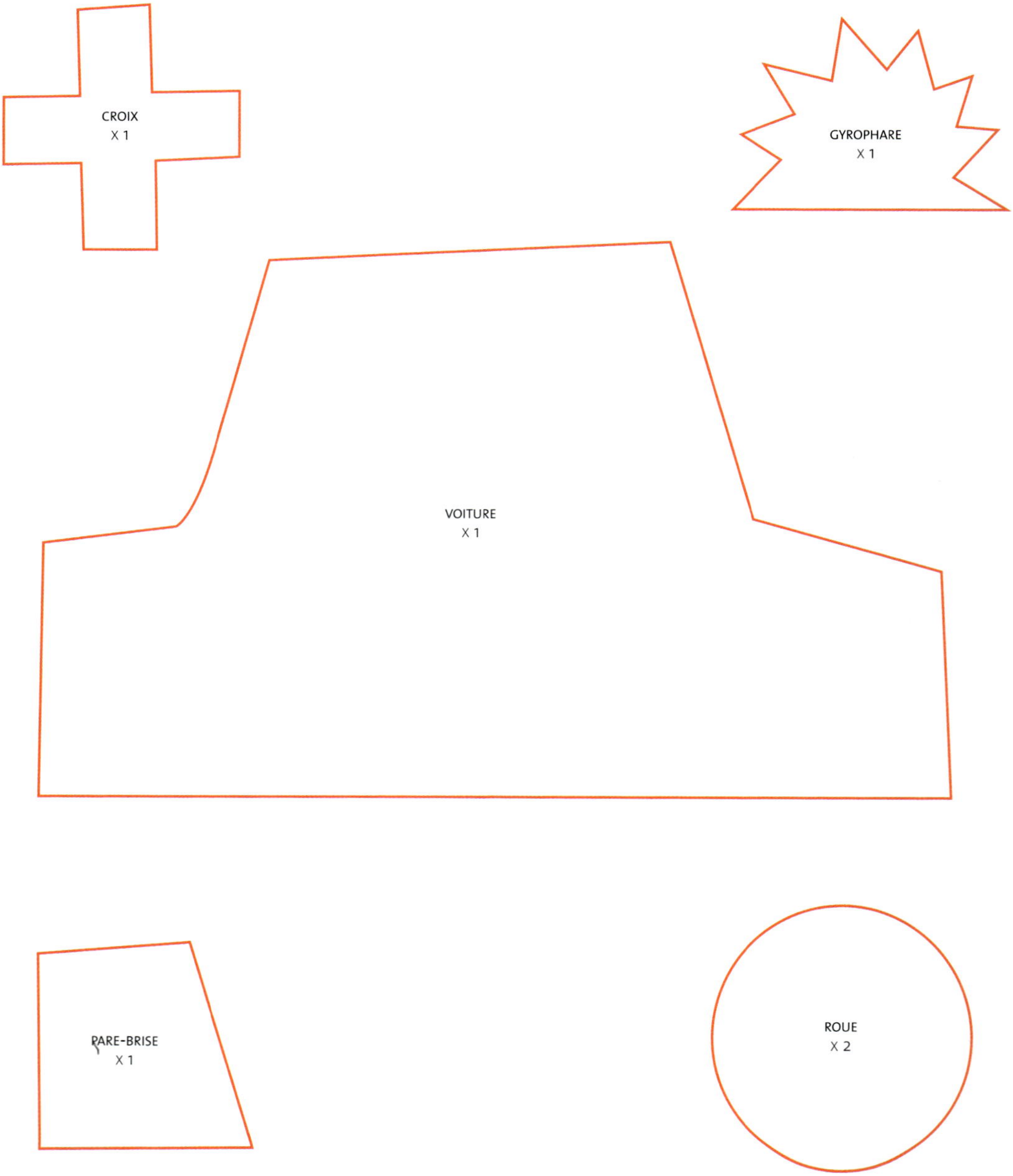
CROIX
X 1
GYROPHARE
X 1
VOITURE
X 1
PARE-BRISE
X 1
ROUE
X 2

Le protège carnet comment faire...

1. **Décalquez** tous les motifs, découpez-les et épinglez-les sur les feutres : la voiture sur le feutre blanc ; la croix sur le rouge ; le gyrophare sur le jaune ; le pare-brise et les roues sur le noir. Découpez ces pièces

2. **Épinglez** le pare-brise et la croix sur la voiture. Cousez-les au point droit. Brodez les phares avant et arrière au point arrière.

3. **Pliez** en deux le rectangle de tissu choisi pour la face extérieure de la housse, puis repliez les 2 extrémités du rectangle pour faire 2 rabats de 7 cm. Repassez en appuyant pour marquer ces plis.

4. **Ouvrez** le rectangle et posez-le à plat devant vous. Épinglez la voiture et le gyrophare pour former le motif en le centrant par rapport au pli central et à celui du rabat. Ôtez la voiture et piquez le gyrophare au point droit, à 2 mm du bord.

5. **Épinglez** à nouveau la voiture en la plaçant à cheval sur le gyrophare et piquez-la au point droit.

6. **Épinglez** les roues et piquez leur pourtour au point droit.

La housse

1. **Superposez** les 2 tissus de la housse endroit contre endroit. Piquez tout le tour au point droit, à 1 cm du bord, en veillant à laisser une ouverture de 5 cm.

2. **Retournez** la housse sur l'endroit par l'ouverture. Fermez-la à petits points discrets. Pliez le rectangle en deux, puis repliez ses extrémités pour former les rabats de 7 cm. Piquez-les au point droit, à 2 mm du bord, pour les maintenir.

Pochettes-surprises

Temps de réalisation : **1 heure par pochette** - difficulté : ✂✂ - coût :

Pochette à cadeaux, pochette à crayons, pochette à bonbons, pochette à ballons, pochette à chausson, pochette à doudou.... À vous de choisir !

Matériel

- 1 aiguille à coudre
- 2 paires de ciseaux (pour le tissu et le papier)
- 1 crayon à papier
- 1 mètre ruban
- 1 épingle à nourrice
- Papier calque
- Épingles
- Machine à coudre (facultatif)

Fournitures

- 1 rectangle de tissu imprimé de 30 x 54 cm par pochette
- 20 cm de ruban pour la cordelière par pochette
- Feutres blanc, rouge, jaune, rose, orange, noir, vert
- Fils assortis

Astuce

Vous pouvez utiliser 2 rectangles de 30 x 27 cm coupés dans des tissus différents pour fabriquer une pochette à 2 faces.

MES
BON-
BONS

Pochettes-surprises comment faire...

Pochette aux chaussons

1. **Décalquez** 2 fois le chausson, la languette et l'intérieur du chausson. Découpez ces pièces. Épinglez le chausson et la languette sur le feutre orange ; l'intérieur sur le feutre rose. Découpez ces morceaux.

2. **Pliez** le tissu de la pochette en deux et marquez le pli au fer à repasser. Épinglez et piquez au point droit les différents éléments sur l'une des moitié de la pochette. Faites des surpiqûres en vous inspirant de la photo pour donner du relief aux chaussons.

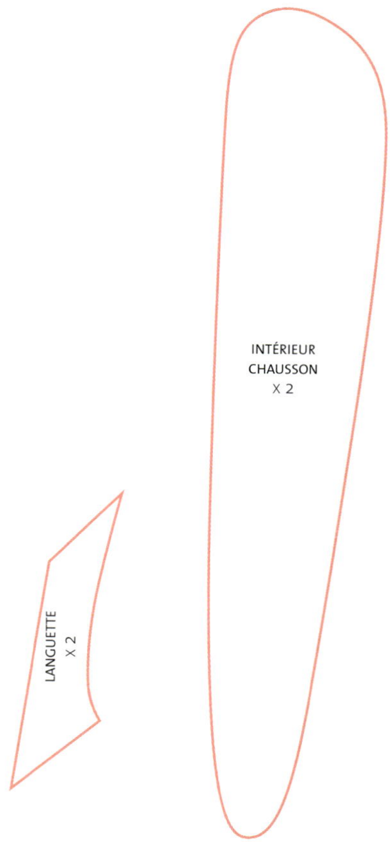

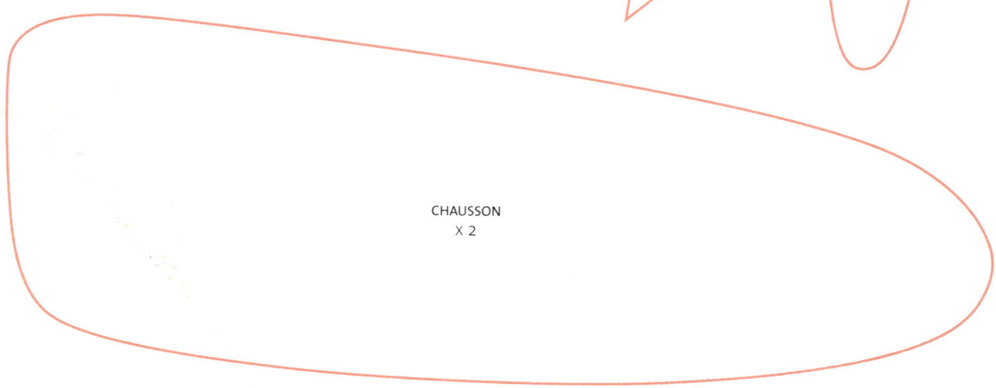

Pochette Mes bonbons

1 Décalquez toutes les lettres et découpez-les. Épinglez-les sur le feutre noir et découpez-les. Pliez le tissu de la pochette en deux et marquez le pli au fer à repasser.

2 Épinglez les lettres sur l'une des moitié du tissu de la pochette en les disposant de façon à écrire le texte et piquez-les au point droit.

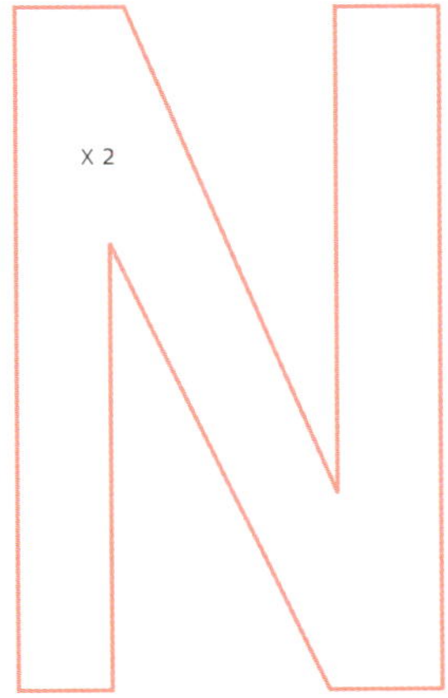

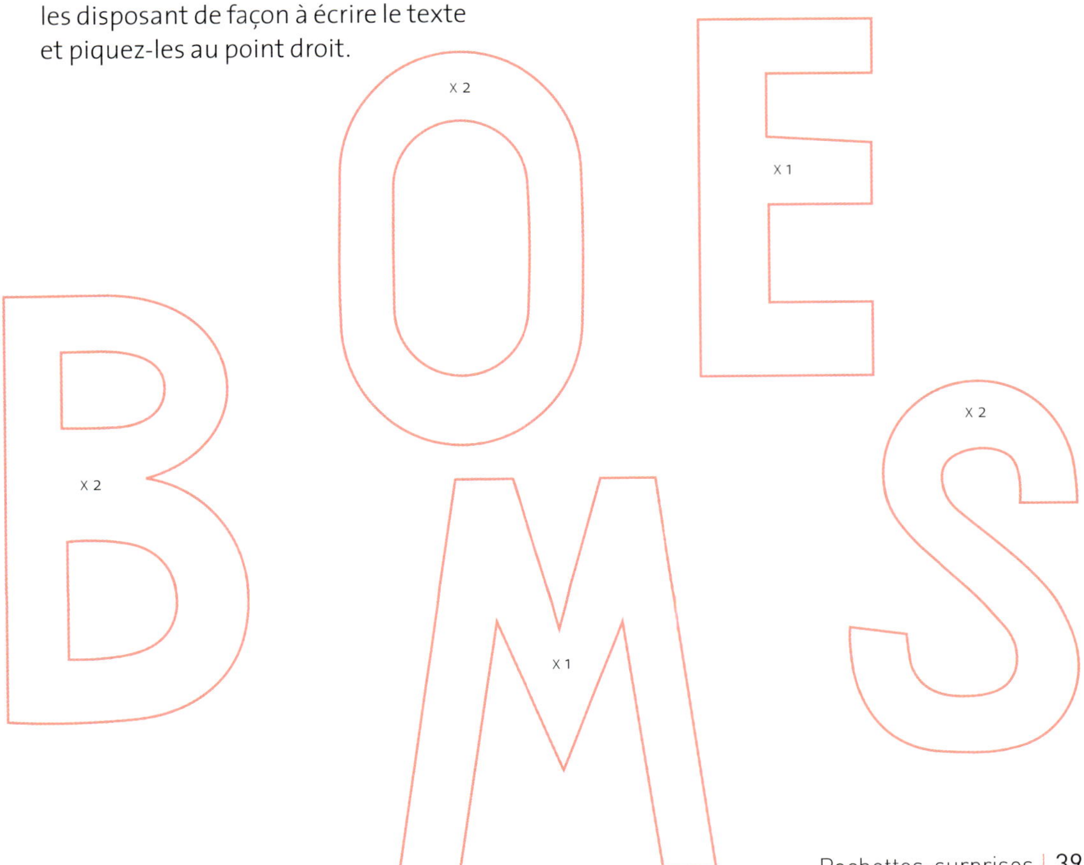

Pochettes comment faire...

Pochette crayons

1 Décalquez les différents éléments qui composent les crayons et découpez-les. Pliez le tissu de la pochette en deux et marquez le pli au fer à repasser.

2 Épinglez-les sur les feutres de votre choix en assortissant les couleurs. Découpez les morceaux puis épinglez-les sur l'une des moitié du rectangle de la pochette. Piquez-les au point droit.

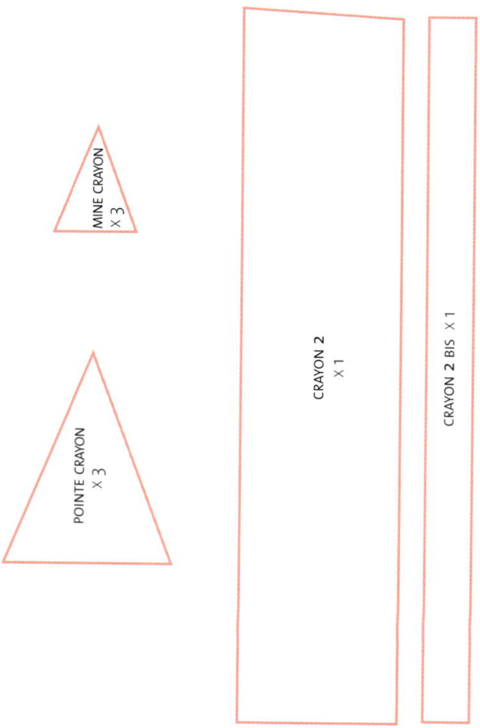

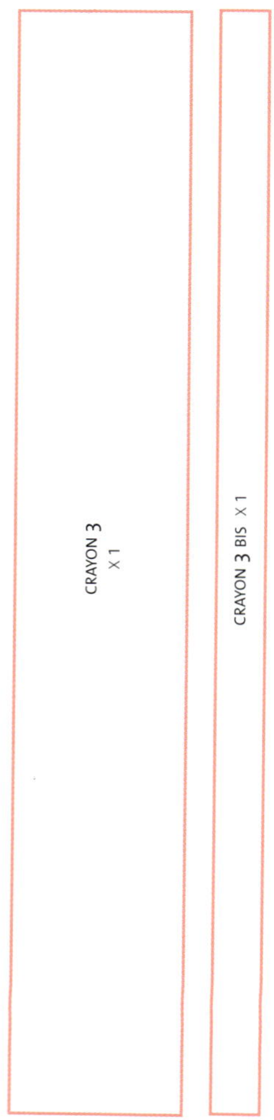

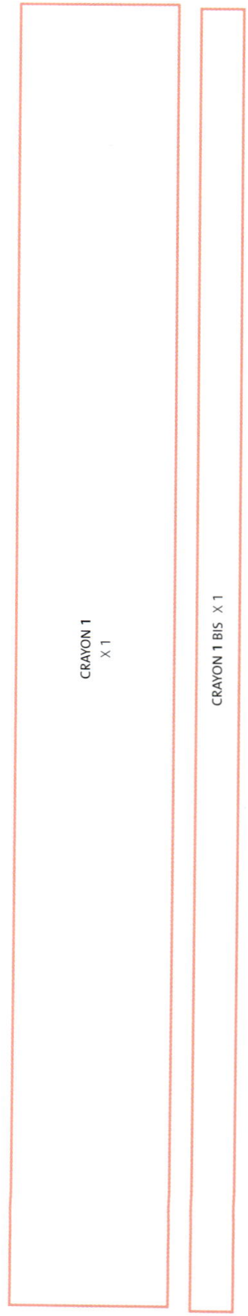

Pochette ballons

1 Décalquez 3 fois le motif du ballon et découpez ces pièces. Épinglez chaque ballon sur un feutre de couleur différente et découpez. Pliez le tissu de la pochette en deux et marquez le pli au fer à repasser.

2 Épinglez les ballons sur l'une des moitiés du tissu de la pochette et piquez-les au point droit. Piquez aussi les fils au point droit.

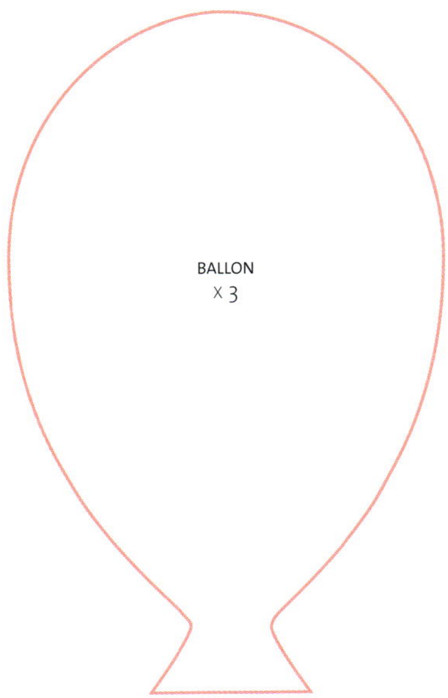

Coudre une pochette

1 Pliez le rectangle de tissu de la pochette en deux, endroit contre endroit. Épinglez et piquez les petits côtés au point droit, à 1 cm du bord, en vous arrêtant à 2 cm de l'ouverture. Retournez la pochette sur l'endroit.

2 Repliez l'un des bords de l'ouverture, envers contre envers, de 5 mm puis de 1,5 cm. Repassez pour marquer le pli. Piquez au point droit, à 1 cm du bord de l'ouverture, pour créer une coulisse. Recommencez l'opération sur le second bord de l'ouverture.

3 Découpez 20 cm de ruban et enfilez l'épingle à nourrice à 1 extrémité. Passez l'épingle à nourrice et son ruban dans les 2 coulisses et fermez les extrémités par un nœud.

Doudou tout souris

Temps de réalisation : **1 heure** - difficulté : ✂ - coût : 👛

Un doudou où court une petite famille de souris pour éveiller l'imagination des petits en leur racontant des histoires.

Matériel

- 1 aiguille à coudre
- 2 paires de ciseaux (pour le papier et pour le tissu)
- 1 crayon à papier
- Papier calque
- Épingles
- Machine à coudre (facultatif)

Fournitures

- 1 lange blanc ou teint
- 4 morceaux de tissus aux imprimés différents
- Feutres rose, blanc, noir, jaune
- Fils assortis

Astuce

Personnalisez la couleur du lange en lui donnant votre teinte favorite. Utilisez un produit de teinture à froid en vente dans les merceries et les magasins de loisir créatif.

MIAM

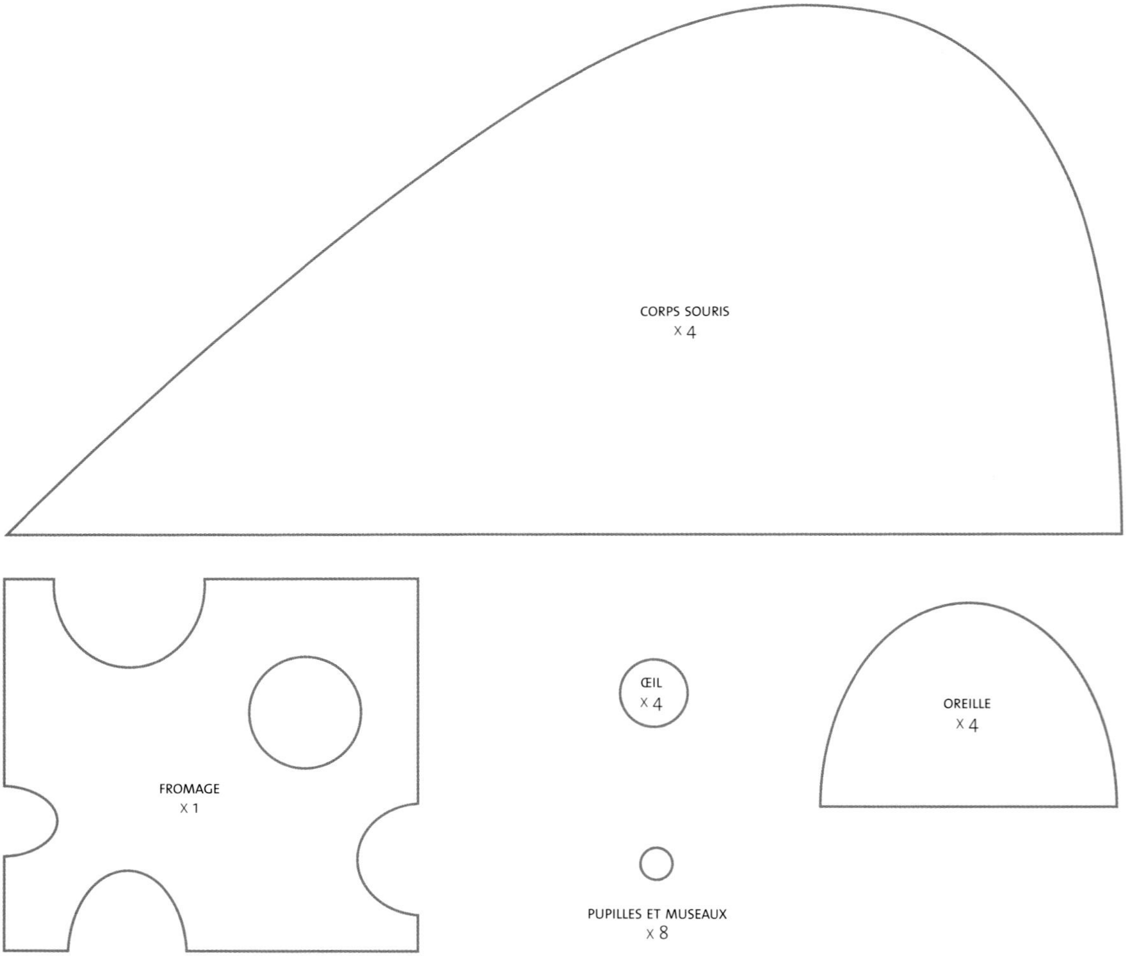
CORPS SOURIS
x 4
FROMAGE
x 1
ŒIL
x 4
OREILLE
x 4
PUPILLES ET MUSEAUX
x 8

Le doudou comment faire...

1. Décalquez 4 fois le corps de souris et découpez ces pièces. Épinglez chaque corps sur un tissu différent et découpez la forme.

2. Découpez 4 oreilles dans le feutre rose ; 4 yeux dans le blanc ; 8 petits ronds dans le noir pour les pupilles et les museaux ; 1 morceau de gruyère dans le jaune.

3. Cousez les pupilles sur les yeux au point droit, à 1 mm du bord. Épinglez les yeux et les oreilles sur les corps des souris et piquez-les au point droit.

4. Positionnez les souris et le morceau de gruyère sur le lange. Épinglez-les avant de piquer les souris au point de zigzag serré et le fromage au point de peigne (à la machine) ou au point fantaisie (à la main) : piquez l'aiguille à travers le lange et le feutre pour la faire ressortir sur l'endroit du motif à 2 mm du bord. Repiquez l'aiguille dans le lange, au bord du motif, et ainsi de suite.

5. Positionnez les museaux et cousez-les au point droit. Tracez ensuite la queue des souris au crayon à papier avant de piquer sur ce tracé au point de zigzag serré.

Coussin bocal

Temps de réalisation : **1 heure** - difficulté : ✂✂ - coût : 👛👛

Plouf ! Plouf ! Pour assortir au body poisson, le bocal trône au milieu de la maison…

Matériel

* 1 aiguille à coudre
* 2 paires de ciseaux (pour le papier et le tissu)
* 1 crayon à papier
* 1 mètre ruban
* Papier calque
* Épingles
* Machine à coudre (facultatif)

Fournitures

* 1 coussin de 50 x 50 cm
* 140 x 55 cm de tissu imprimé pour la housse
* 20 x 20 cm de tissu imprimé bleu marine à pois
* Feutres blanc, rouge, noir

Idée

Vous pouvez acheter une housse de coussin qui vous plaise et y appliquer un bocal dont l'eau sera assortie.

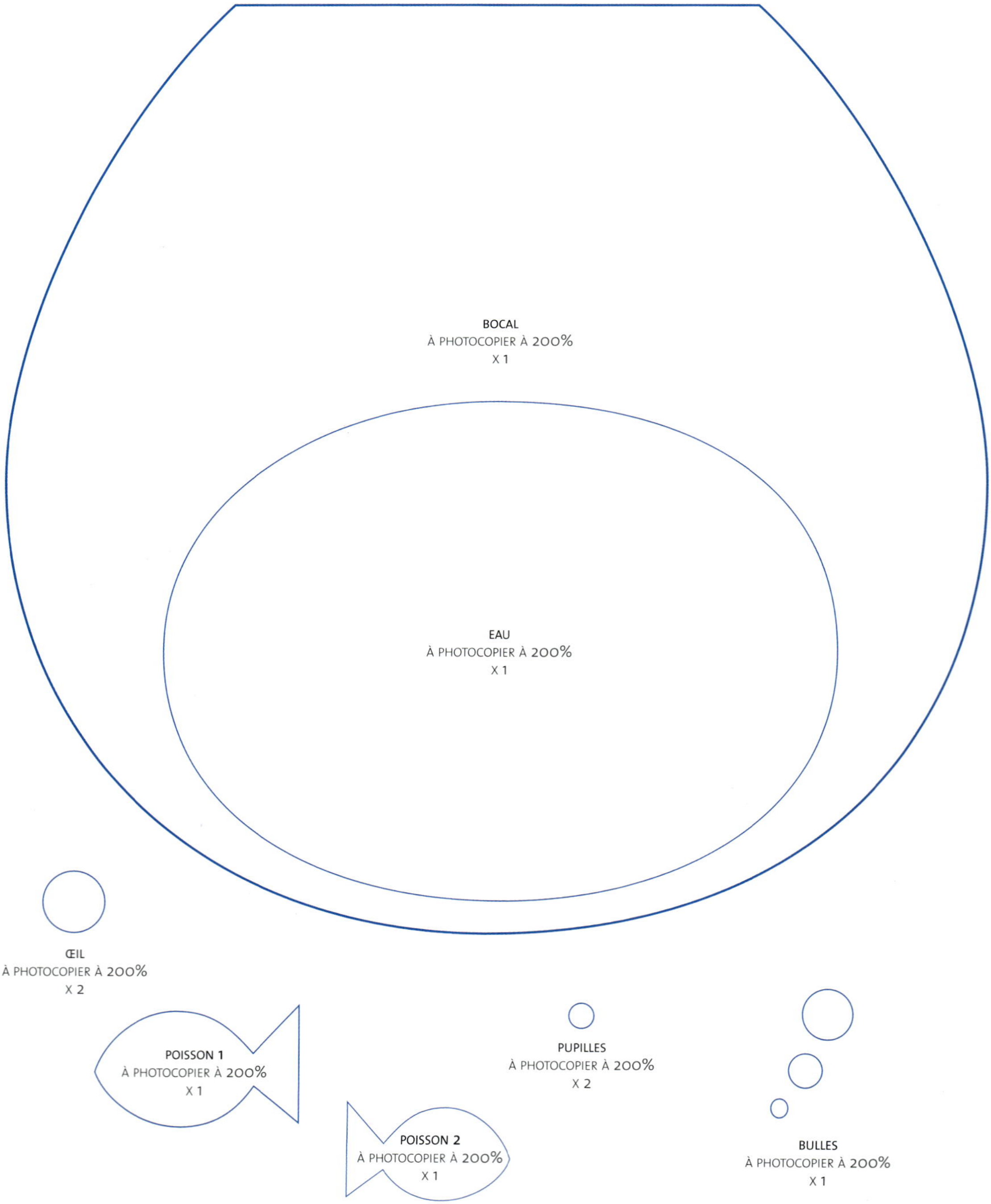
BOCAL
À PHOTOCOPIER À 200%
X 1
EAU
À PHOTOCOPIER À 200%
X 1
ŒIL
À PHOTOCOPIER À 200%
X 2
POISSON 1
À PHOTOCOPIER À 200%
X 1
POISSON 2
À PHOTOCOPIER À 200%
X 1
PUPILLES
À PHOTOCOPIER À 200%
X 2
BULLES
À PHOTOCOPIER À 200%
X 1

Le coussin comment faire...

Le bocal

1. **Agrandissez** à 200 % le motif de l'eau du bocal et découpez-le. Épinglez-le sur le tissu bleu marine à pois et découpez la forme.

2. **Agrandissez** et décalquez les autres motifs, découpez-les et épinglez-les sur les feutres correspondants : 1 bocal, 2 yeux et 3 bulles dans le feutre blanc ; 2 poissons dans le rouge ; 2 petits ronds pour les pupilles dans le noir.

3. **Épinglez** les pupilles sur les yeux blancs et cousez-les au point droit. Épinglez et cousez les yeux sur les corps des poissons au point de peigne (à la machine) ou au point fantaisie (à la main) : piquez l'aiguille à travers les feutres pour la faire ressortir sur l'endroit du motif à 2 mm du bord. Repiquez l'aiguille dans le feutre blanc, au bord du motif, et ainsi de suite.

4. **Épinglez** l'eau du bocal sur le bocal et piquez-la au point de zigzag serré. Épinglez les poissons sur l'eau et piquez-les au point droit. Enfin, positionnez les bulles et cousez-les au point fantaisie au-dessus des poissons.

La housse de coussin

1. **Repliez** 1 cm de tissu sur les 2 petits côtés du rectangle de tissu imprimé de 140 x 55 cm. Repassez pour marquer le pli et repliez encore 1 cm. Repassez une nouvelle fois avant de piquer toute la longueur au point droit.

2. **Épinglez** le bocal à 55 cm du bas du rectangle de la housse puis piquez le au point droit.

3. **Pliez** le tissu en trois, endroit contre endroit, de façon à obtenir 2 rabats de 43 cm chacun et une partie centrale de 50 cm. Repassez pour marquer les plis.

4. **Piquez** les 2 côtés ouverts au point droit pour obtenir un carré de 50 x 50 cm. Retournez l'ouvrage sur l'endroit.

Tapis voyageur

Temps de réalisation : **1 heure 30** - difficulté : ✂ ✂ - coût : 👛 👛

À pied, en poussette, en voiture, en train, en avion... ce tapis à langer à la doublure imperméable vous suivra partout où vous irez !

Matériel

- 1 aiguille à coudre
- 2 paires de ciseaux (pour le papier et le tissu)
- 1 crayon à papier
- 1 mètre ruban
- Papier calque
- Épingles
- Machine à coudre (facultatif)

Fournitures

- 90 x 90 cm de tissu éponge
- 90 x 90 cm de toile cirée (ou de rideau de douche) pour la doublure
- 40 cm de ruban assorti
- 4 tissus imprimés à pois de couleurs différentes
- Fils assortis

Idée

Vous pouvez réaliser un sac en tissu (celui de la page 6, par exemple) assorti aux couleurs du tapis voyageur dont le format, lorsqu'il est plié, est de 35 x 35 cm.

HOLIDAYS

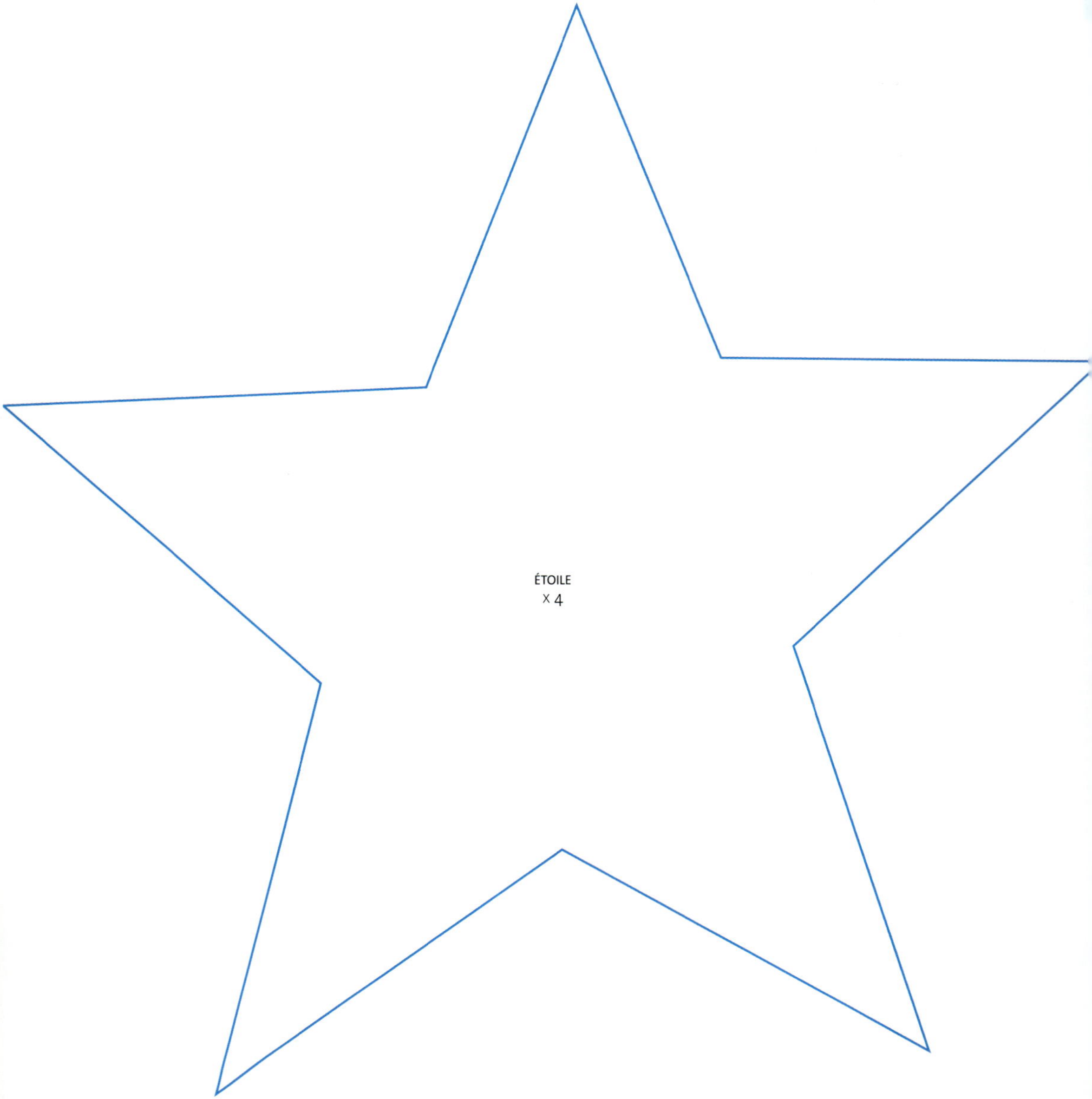
ÉTOILE
x 4

Le tapis comment faire...

1. Décalquez 4 fois l'étoile et découpez ces 4 motifs. Épinglez une étoile sur chaque tissu imprimé et découpez-les.

2. Épinglez les étoiles dans le bas du carré de tissu éponge à 10 cm du bord environ. Piquez le contour de chacune au point de zigzag serré.

3. Superposez l'éponge et la toile cirée endroit contre endroit. Coupez le ruban en 2 morceaux de 20 cm chacun. Épinglez un morceau de ruban au centre de 2 côtés opposés, longueur du ruban positionnée vers l'intérieur du tapis.

4. Épinglez tout le tour du carré avant de piquer au point droit en laissant une ouverture de 10 cm environ. Retournez l'ouvrage sur l'endroit.

5. Refermez l'ouverture à la main à l'aide de petits points discrets. Pliez le tapis et nouez les rubans autour pour l'emporter partout !

Bavoirs à croquer

Temps de réalisation : **2 heures** - difficulté : ✂ ✂ - coût : 👛

Trois bavoirs imagiers pour apprendre en mangeant et manger en s'amusant...

Matériel

- 1 aiguille à coudre
- 2 paires de ciseaux (pour le papier et le tissu)
- 1 crayon à papier
- Papier calque
- Épingles
- Machine à coudre (facultatif)

Fournitures

- 3 bavoirs
- 1 morceau de tissu vert à pois blanc (pour la pomme)
- 1 morceau de tissu rouge à pois blanc (pour la fraise)
- Feutres rouge, blanc, vert foncé, vert clair, marron clair, marron foncé
- Fils assortis

Idée

Vous pouvez imperméabiliser le dos des bavoirs, précaution utile lorsque Bébé commence à manger tout seul... Pour cela découpez un morceau de la forme du bavoir dans de la toile cirée et piquez-le au point droit sur l'envers du bavoir.

Les bavoirs comment faire...

Les radis

1 Décalquez et découpez les motifs des radis. Épinglez-les sur les feutres correspondants et découpez-les : 3 radis dans le feutre rouge ; 3 radis dans le blanc et 3 queues de radis dans le feutre vert foncé.

2 Cousez le blanc sur le rouge, pour constituer le radis, au point de peigne (à la machine) ou au point fantaisie (à la main). Épinglez les radis avant de les coudre au point fantaisie : piquez l'aiguille à travers les feutres pour la faire ressortir sur l'endroit du motif à 2 mm du bord. Repiquez l'aiguille dans le feutre rouge, au bord du motif, et ainsi de suite. Épinglez les feuilles et cousez-les de la même façon.

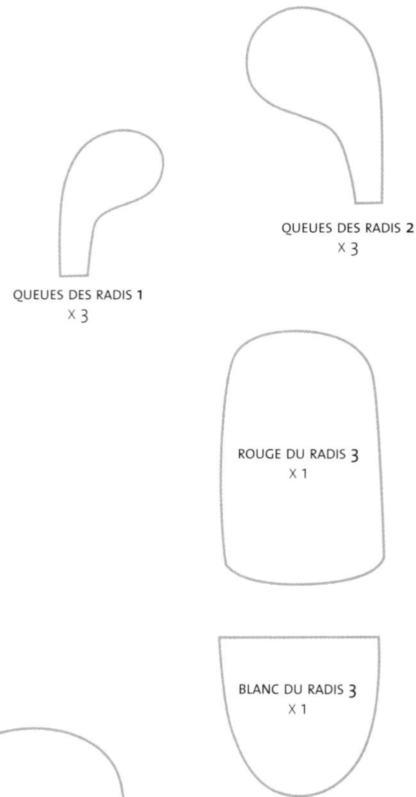

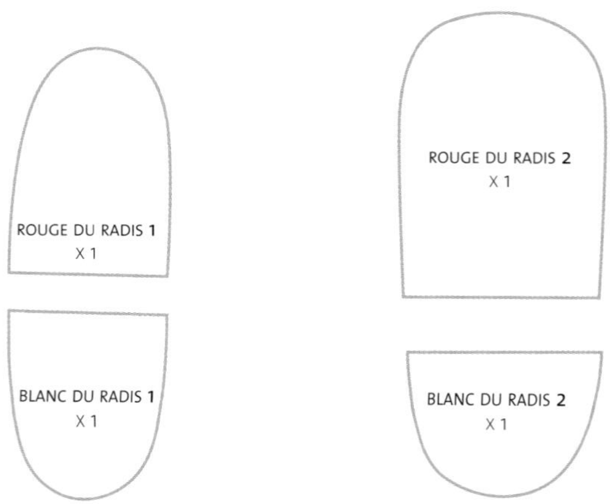

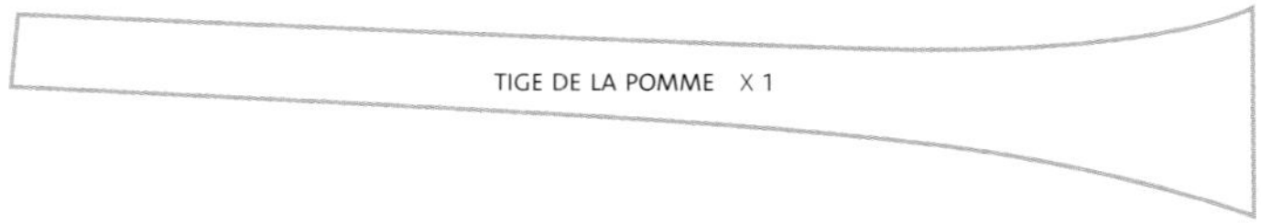

La pomme

1 Décalquez le motif de la pomme et découpez-le. Épinglez-le sur le tissu vert à pois et découpez-le.

2 Décalquez et découpez les autres motifs. Épinglez-les sur les feutres correspondants et découpez-les : 1 feuille dans le feutre vert foncé, le centre de la pomme dans le vert clair ; la tige dans le marron foncé et 4 pépins dans le marron clair.

3 Positionnez les pépins sur le cœur de la pomme et cousez-les au point fantaisie. Épinglez le corps de la pomme sur le bavoir et piquez tout le tour au point de zigzag serré.

4 Cousez le cœur de la pomme sur la pomme au point fantaisie. Épinglez la tige sur la pomme et piquez-la au point droit. Épinglez la feuille et piquez-la au point droit.

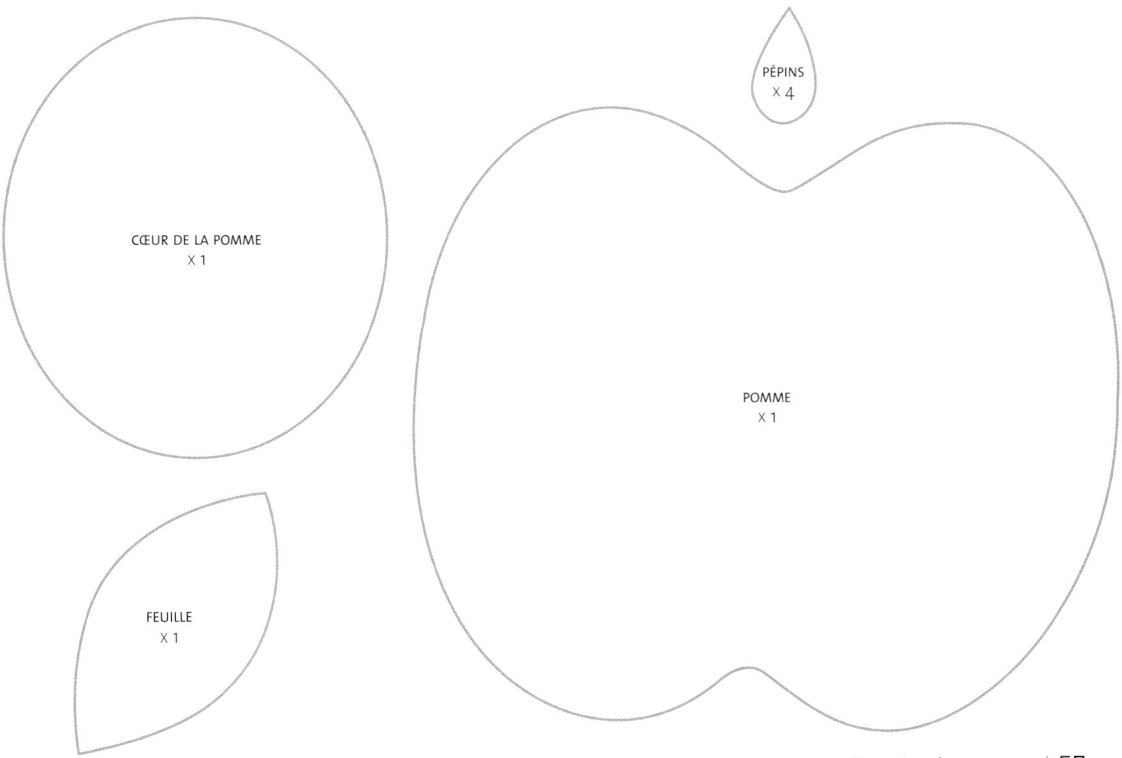

Vous pouvez compléter la collection de bavoirs à croquer en imaginant d'autres modèles. L'idéal ? Un pour chaque jour de la semaine !
Ici, carotte, cerise et petits pois mais il pourrait également y avoir aubergine, céleri, avocat, poireau, citron, citrouille, champignon, tomate ou poivron.

La Fraise

1 Décalquez le motif de la feuille et celui de la fraise et découpez-les. Épinglez la feuille sur le feutre vert foncé et la fraise sur le tissu à pois vert. Découpez les 2 motifs.

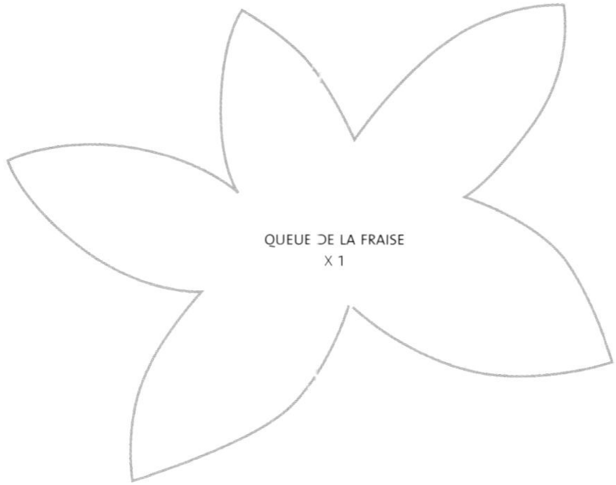

2 Épinglez et piquez la fraise sur le bavoir au point de zigzag très serré. Épinglez la feuille et cousez-la au point de peigne (à la machine) ou au point fantaisie (à la main) : piquez l'aiguille à travers les feutres pour la faire ressortir sur l'endroit du motif à 2 mm du bord. Repiquez l'aiguille dans le tissu qui sert de support, au bord du motif et ainsi de suite.

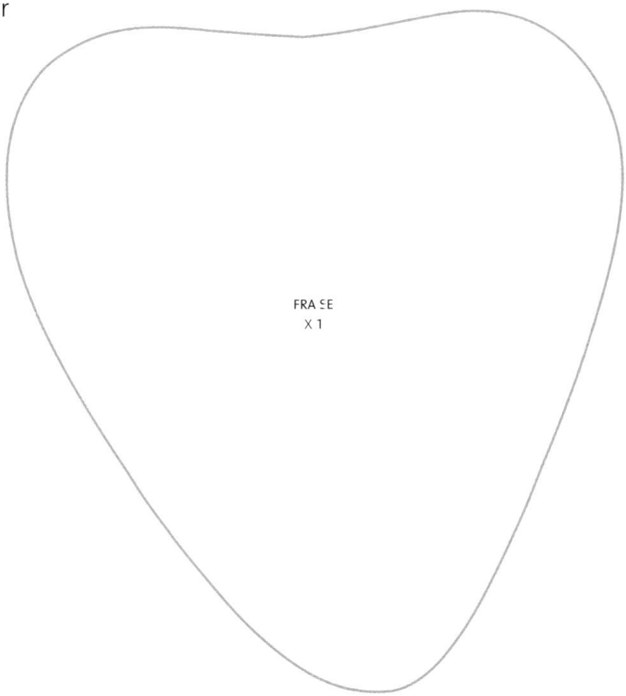

Comme un poisson dans son body

Temps de réalisation : **1 heure** - difficulté : ✂ - coût : 👛

Deux petits poissons viennent égayer un body tout simple tandis qu'un dernier part à l'aventure dans le dos du vêtement.

Matériel

- 1 aiguille à coudre
- 2 paires de ciseaux (pour le papier et le tissu)
- 1 crayon à papier
- Épingles
- Papier calque

Fournitures

- 1 body blanc
- Feutres rouge, blanc, noir, bleu, jaune, orange
- Fils assortis

Conseil

Lavage sur l'envers à 30° impératif !
Ne laissez pas non plus le body tremper.

Le body comment faire...

1 Décalquez les motifs et découpez-les. Épinglez-les sur les feutres correspondant et découpez : 3 poissons dans le feutre rouge ; 3 ronds pour les yeux dans le blanc ; 3 ronds pour les pupilles dans le noir ; 3 ronds de chaque bulle dans les bleu, jaune et orange.

2 Cousez au point fantaisie les ronds noirs sur les blancs pour les yeux ; les yeux sur les poissons, puis tous les éléments du décor comme sur les photos.

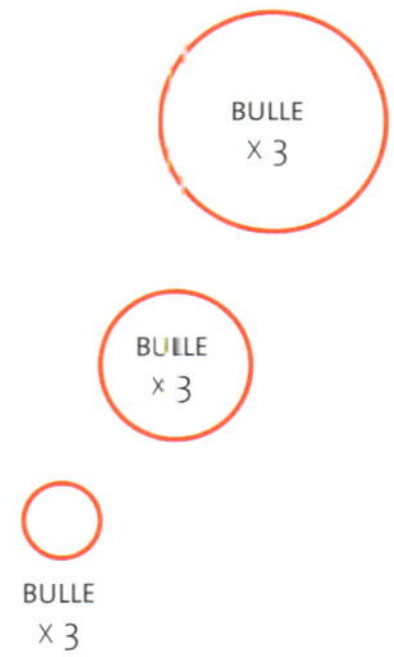

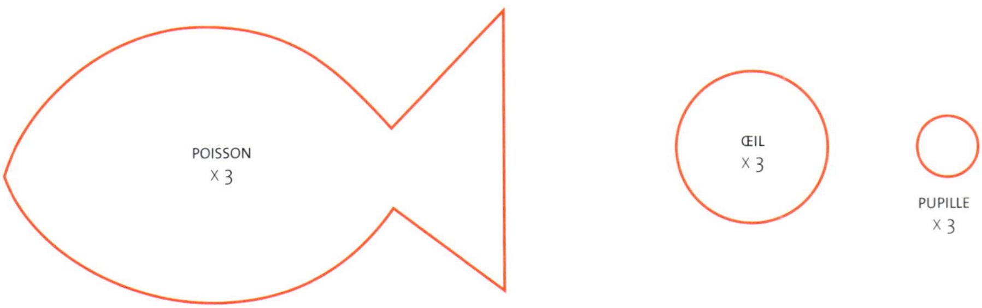

Remerciements

Mille mercis à Anne et Aurélie pour ce beau projet !

À Dominique pour ces merveilleux décors, à Jean-Baptiste pour ses photos, à Hélène pour ses dessins et à Camille.

Adresses utiles

FEUTRE

La Droguerie : 9-11, rue du Jour - 75001 PARIS - Tél. : 01 45 08 93 27 - www.ladroguerie.com

TEINTURE

Dylon : www.dylon.fr

TISSUS ÉPONGE ET POLAIRE

Dreyfus – Marché Saint-Pierre : 2, rue Charles Nodier - 75018 Paris - Tél. : 01 46 06 92 25 - www.marchesaintpierre.com

TISSUS

H et E Tissus : 22, rue Noël Ballay – 28000 Chartres - Tél. : 02 37 36 72 23 - www.hetissus.com

Le Bon Marché : 24, rue de Sèvres - 75007 Paris - Tél. : 01 44 39 80 00 - www.treeslbm.com

Tissus Moline : 1, place Saint-Pierre - 75018 Paris - 1- 3-5-7 et 2-4-6, rue Livingstone - 75018 Paris - Tél. : 01 46 06 14 66
www.tissus-moline.com

Tissus Reine : 3-5, place Saint-Pierre - 75018 Paris - Tél. : 01 46 06 02 31 - www.tissus-reine.com

Toto : 5 et 49, boulevard Barbès - 75018 Paris - Tél. : 01 42 52 90 53 - http://toto.fr

VÊTEMENTS ET ACCESSOIRES À CUSTOMISER

BODY, TEE-SHIRTS... **Petit bateau** : www.petitbateau.fr

GIGOTEUSE, BAVOIRS, LANGE... **Bout'chou chez Monoprix** : www.monoprix.fr

COUSSIN, RIDEAUX... **IKEA**: www.ikea.com

Direction : Jean-François Moruzzi
Direction éditoriale : Pierre-Jean Furet
Édition : Anne la Fay assistée d'Aurélie Lorot
Correction : Virginie Frémont
Conception et réalisation : Claire Guigal
Fabrication : Amélie Latsch

Responsable partenariats : Sophie Augereau au 01 43 92 36 82

Pour l'éditeur, le principe est d'utiliser des papiers composés de fibres naturelles, renouvelables, recyclables et fabriquées à partir de bois issus de forêts qui adoptent un système d'aménagement durable. En outre, l'éditeur attend de ses fournisseurs de papier qu'ils s'inscrivent dans une démarche de certification environnementale reconnue.

Dépôt légal : avril 2009
ISBN : 978.2.01.621156.4
62.61.1156.01.9
Impression : Polygraf print, Slovaquie